いくらかな？

社会がみえる
ねだんのはなし **4**

スポーツと
楽しみの
ねだん

藤田千枝 編　増本裕江 著

大月書店

スポーツと楽しみのねだん

もくじ

優勝のねだん　3
横綱も月給をもらっている　7
将棋や囲碁の優勝賞金はいくら？　11
小学校の綱引きの綱はいくら？　15
公園のぶらんこ、いくら？　19
プロが使う楽器のねだんはいくら？　23
障がい者用のチェアスキーはいくらする？　27
東京ドームはいくらで借りられる？　31
打ち上げ花火、一発いくら？　35
テーマパークの1日パスポートはいくら？　39
宇宙旅行は、いくらで行ける？　43
オリンピックは立候補だけでもお金がかかる　47
テレビの放映権、いくらだと思う？　51

●出典と参考文献　55

優勝のねだん

ウィンブルドンテニス
シングルスの優勝賞金
3億1460万円

（2017年）

スポーツの優勝賞金（2017年）

テニス
ウィンブルドン シングルス
3億1460万円

ゴルフ
全米オープン
2億3544万円

バドミントン
SSファイナルズ
1308万円（2018年〜）

マラソン
東京マラソン
1100万円

相撲
幕内優勝
1000万円

陸上
世界陸上選手権
740万円

卓球
ワールドファイナル
654万円

フィギュアスケート
世界選手権
490万円

水泳
世界水泳選手権
240万円

スピードスケート
世界選手権オールラウンド
200万円

アマチュアの選手でも賞金がもらえる

そのスポーツを職業としている人を「プロ選手」と呼び、1871年のアメリカのプロ野球がはじまりだ。一方、スポーツ競技で賞金などを受けとらない選手を「アマチュア選手」と呼び、オリンピックにはアマチュア選手しか参加できなかった。しかし、1974年にオリンピック憲章から「アマチュアしか出場できない」という規則がなくなり、それぞれの国際競技連盟がプロ選手の参加を認めた。現在では、卓球やスケートなど多くの競技で、プロとアマチュアの区別がなくなり、アマチュア選手でも賞金がもらえるようになった（テニスとゴルフのアマチュアは受けとれない）。

ウィンブルドンは、1回戦で負けても賞金414万円

個人の優勝賞金額は、テニスとゴルフが断然高い（左のグラフ）。どちらも、早くからプロ化した競技で、スポンサー契約も多く、たくさんのお金が集まる。テニスのウィンブルドン選手権は、賞金総額88億円の大会で、本戦に出場できるのは世界ランキング100位ぐらいまでだが、1回戦で負けても414万円の賞金をもらえる。賞金の財源はチケット料金、テレビの放映権料、スポンサー料、グッズの販売金、寄付金などだ。

マラソン大会には、記録と賞金が重視される世界6大マラソン大会がある。そのひとつである東京マラソンの優勝賞金は1100万円、そのほかに世界記録が出ると3000万円、日本記録だと500万円が出る。また、同じ大会の車いす部門の優勝賞金は100万円、世界記録がでると100万円、日本記録だと50万円が出る。参加料は1人1万800円で、3万5000人のランナーが参加する。この参加料とスポンサー料、放映権料、寄付、東京都の税金などが賞金や運営費に使われている。

優勝のねだん

スポーツで生活していけるか？

　日本のスポーツ選手のなかで、獲得賞金や年俸とスポンサー料などをふくめた収入の1位は、テニスの錦織圭選手だろう。約37億3000万円（2016年度・年収）のうち、賞金が4億3000万円だ。スポーツ人口が増え、スポーツ産業は大きくなっているが、賞金やスポンサー料で生活できる選手はほんのわずかである。ランキングがあがると、広告塔としての効果もあがり、スポンサー料があがる。だが、けがをすれば、ランキングが落ち賞金は入らないし、スポンサー料も下がってしまう。

　テニスのトップ選手には年間出場試合数のノルマがあり、世界を転戦する。そのために、錦織選手はアメリカなどに拠点をかまえて、飛行機で移動している。体や精神をより良い状態にし、けがのケアや体力の回復のために、トレーナーや栄養士、コーチなどをつけて、チームとして科学的なトレーニングをしている。コーチ料やチームの維持費などで数億円ぐらいかかると言われている。テニスの場合、世界ランキング100位に入ることが、スポーツで生活できる目安のようだ。

 ## 引退後は年金がもらえる

　プロ野球やJリーグの選手はチームに所属していて、トップ選手の移籍料や年俸は年々高額になっている。バスケットなど、日本でもあらたにプロリーグができ、プロになる選手が多くなってきた。

　科学的なトレーニングや医療の進歩などで、選手生命はのびてきたが、たいていは30代〜40代で引退する。アメリカのメジャーリーグは選手が引退後の生活費を積み立てるのではなく、多額の放映権料（51ページ参照）を財源にした年金制度が充実している。10年以上活躍しているイチローは、引退しても年間に1000万円の年金が支払われる。日本にもプロ野球の年金制度があったが、廃止されてしまい、選手たちは国民年金に加入している。

横綱も月給をもらっている

「横綱の月給 380万円

ごっつぁんです。」

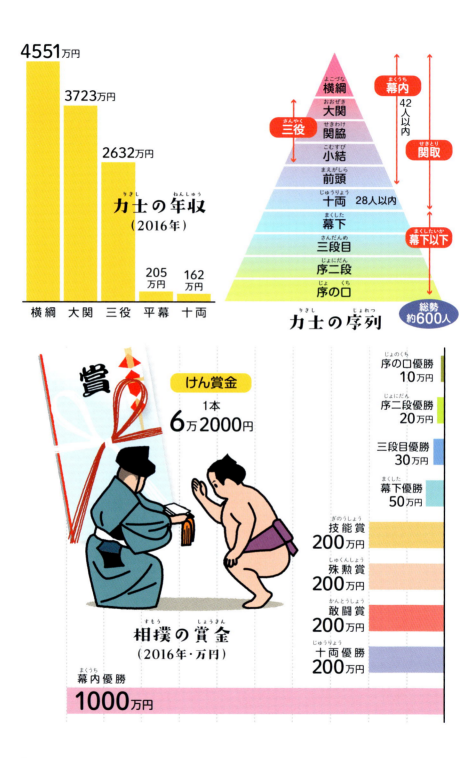

懸賞金は1本6万2000円

　相撲と同じような競技は世界各地で古くから行われていたが、日本では古代から収穫を占う儀式として続けられてきた。江戸時代になると、興行として庶民の娯楽になり、相撲を職業とする人があらわれた。昔は、大関が最高の地位で、そのなかで白い綱をしめて土俵入りをすることができる力士を「横綱」と呼んでいた。力士の地位や階級を表した「番付表」に、横綱が最高位として登場するのは1890年（明治23年）からだ。

　力士として一人前の月給がもらえるのは、十両以上で「関取」という（左ページ上の図）。給料のほかに、賞与や手当て、補助金など、金額が決まっている収入がある。また、力士褒賞金という制度もある。残した成績に応じて計算され、負け越しても減らないので、長く十両以上にいると収入が高くなるしくみになっている。左ページ上のグラフは、月給といろいろな手当てなどの最低額を合計した1年間の総額だ。

　さらに、賞金（左下のグラフ）と懸賞金がある。懸賞金は企業や団体が取り組みにかけるお金で、勝った力士に与えられる。1本6万2000円と決まっているが、積み立て金や事務手数料をさしひかれて、力士がもらえるのは1本3万円。2017年の夏場所で、横綱稀勢の里の取り組みにかけられた懸賞金は、608本にもなった。

力士になるには検査がある

　力士になるためには、新弟子検査に合格しなければならない。受験資格は、中学校卒業・身長167cm以上・体重67kg以上で、23歳まで。

　相撲部屋に入門した新弟子たちは、半年間、国技館にある相撲教習所に通学する。相撲の基本動作や歴史、運動医学、一般常識、書道、相撲甚句などを学ぶ。外国人力士は1年間通う。新弟子に給料はないが、場所手当として年間42万〜90万円がもらえて、部屋に寝泊まりしているので、食費や家賃はかからない。

横綱も月給をもらっている　9

行司の初任給は14万円から 呼出は土俵もつくる

行司、呼出、床山など多くの人が、相撲の世界を支えている。各部屋に所属していて、初任給は14万円から。その後階級と給料があがっていく。

行司は、土俵の上で勝負の判定をするだけでなく、土俵入りの誘導役、翌日の取り組みの紹介、取り組みの進行の補助、決まり手の場内アナウンス、勝負結果の記録、地方巡業の準備、部屋の事務など、多くの仕事をしている。立行司が最高位の階級で、「何代目〇〇」という呼び方で名前を継いでいる。

呼出は、土俵づくり、太鼓、呼び上げをし、力水もつける。また、力士に制限時間を知らせ、柝を打ち、懸賞金の垂れ幕をもって土俵を一周するほか、土俵下の力士の座布団の交換、部屋の雑用など、たくさんの仕事がある。最高位は立呼出。

床山は、力士のちょんまげや大銀杏を結う。最高位は特等床山。

引退したあと、親方になると 年収1200万円～2000万円

引退後、親方として部屋をもつためには、「年寄名跡」（江戸時代の力士の名前がついていて、現在105あり、日本国籍が必要）を引退する親方からゆずり受けなければならない。このやりとりが「株」のようにお金で取引されるようになった。

親方にも月給、賞与、手当などがあり、年収は1200万円ほど。相撲協会の役職につくと2000万円ぐらいで定年は65歳。部屋には力士の養成金が支給され、強い力士を育てればそれだけ収入が多くなるしくみになっている。

10

将棋や囲碁の優勝賞金はいくら？

「将棋（竜王戦）
4320万円

囲碁（棋聖戦）
4500万円

オセロ（世界大会） 30万円
チェス（世界選手権） 6500万円」

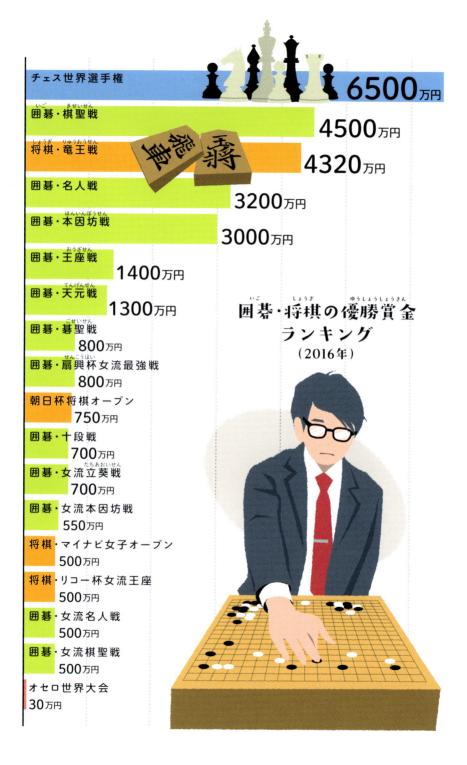

将棋は古代インドから伝わってきた

　将棋は、古代インドの「チャトランガ」がアジアの国々に伝えられたのがはじまりとされている。日本では、平安時代から親しまれ、戦国武将が捕虜を使う「戦争ゲーム」として愛好したと言われている。取った相手の駒を自分の駒として使うことや、相手陣地に入ると駒の動き方が変わる「成る」など、日本独自のルールが生まれていった。

　江戸時代には、家元制度ができ、プロの棋士が生まれ、現在につながる。もっともすぐれた者は「名人」とたたえられた。将棋は広く庶民に親しまれて、子どもたちもはさみ将棋やまわり将棋を楽しんでいた。

　戦後、順位戦が組まれて現在のような将棋界のしくみができた。プロの組織は、日本にしかない。プロの棋士をめざすには、多くは19歳以下で試験を受けて「奨励会」に入り、3段リーグ戦（年間2回）の上位2名が四段になり、プロの棋士になれる。まだ女性の合格者はなく、別に女流棋士の資格がある。藤井聡太棋士は2017年に中学生で四段となった。現在160名のプロ棋士がいて、成績が悪いと引退するなどの制度がある。

勝てば勝つほど収入がふえる勝負の世界

　将棋の8大タイトル戦（竜王戦・名人戦・叡王戦・王位戦・王座戦・棋王戦・王将戦・棋聖戦）のうち、賞金額が公表されているのは竜王戦だけで、4320万円だ。タイトルをもつ竜王と本戦トーナメントを勝ちぬいた棋士が、7番勝負を戦う。女流やアマチュア、奨励会からも参加できる。

　タイトル戦は、新聞に「棋譜」を掲載するので、新聞社が主催することが多い。名人戦の優勝賞金は2500万円ほどと言われている。棋士は、こうした賞金や対局料、参加報償金（基本給）、普及活動の報酬などが収入となる。年間獲得賞金・対局料ベスト10と金額（推定）が公開されていて、勝てば勝つほど収入が増える勝負の世界だ。

将棋や囲碁の優勝賞金はいくら？

囲碁の起源は古代中国

囲碁の起源は古代中国とされている。日本には将棋より早く「陣地ゲーム」として6世紀に伝わったようだ。平安時代には貴族や僧侶に親しまれ、女性もたしなんでいた。その後、戦国武将の戦になぞらえて広まり、江戸時代には家元制度やプロの棋士も現れ、庶民の娯楽になった。

チェスや将棋と同じ「マインドスポーツ」（高度な頭脳を使って戦うゲーム）といわれている。国際囲碁連盟は国際スポーツ団体総連合に加盟していて、2010年のアジア競技大会に種目として採用された。海外での人気が高く、現在では韓国と中国にもプロの組織があり、世界規模の大会がある。

囲碁も、多くは将棋の「奨励会」と同じように「院生」をへてプロになっていく。将棋とちがい、成績が悪くても引退させられることはない。

男女とも、22歳までにプロ棋士の試験を受けるか、女性の特別枠の試験を受けて、合格すると初段となり、プロ棋士になれる。プロ棋士は現在460名ほどで、そのうち女性は66名。男女同じ条件で対戦するが、女性だけの大会もある。

7大タイトル戦（棋聖戦、名人戦、本因坊戦、王座戦、天元戦、碁聖戦、十段戦）の賞金額は、すべて公開されている。将棋と同じように、新聞社の主催が多い。国際的には、ワールドチャンピオンシップの優勝賞金は3000万円、韓国の試合では5000万円にもなるものがある。ナショナルチームも組まれている。収入の内容は、将棋と同じだ。

オセロは日本人の発明

オセロは、日本発明のボードゲームだ。長谷川五郎氏が、牛乳びんのまるいフタとチェスの盤で試作したのがはじまりで、シェークスピアの戯曲「オセロ」から名前がつけられた。段級位認定制度があり、世界選手権の優勝賞金は30万円。

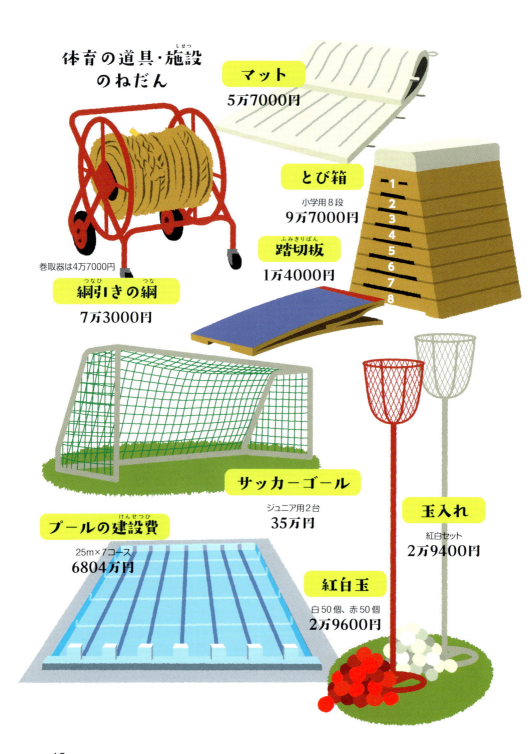

綱引きは古代オリンピックの種目だった

　綱引きは、古くから世界各地で行われていて、古代ギリシャではオリンピック種目になっていた。近代オリンピックでは、1900年の第2回パリオリンピックで復活し、1920年の第7回アントワープ大会まで陸上競技の男子の団体種目に入っていた（第6回大会はのぞく）。

　日本では、ほかのアジアの国と同じように豊作や凶作を占う儀式として行われてきた。カヤやワラで綱を編み、それを大蛇や竜になぞらえる地方もある。その後、庶民のあそびとして親しまれて、明治になると学校の体育に取り入れられるようになり、運動会の種目として広まった。

　現在、小学校で使う「綱引きの綱」はマニラ麻やポリプロピレンでできていて、長さや太さによってねだんがちがう。

運動会は日本独特の体育行事

　日本で最初に行われた運動会は、1874年（明治7年）、海軍兵学寮でイギリスから招いた教師たちが開いた陸上競技会「競闘遊戯会」だと言われている。1878年に札幌農学校、その後東京大学や体操伝習所で行われ、1886年ごろから、体育の集団訓練をすすめるために全国の小学校で運動会が行われるようになった。

　はじめは、いくつかの学校が野原や神社の境内など広い場所まで行進して集まり、競技と遠足をかねたようなものだった。綱引きや徒競走、ダンスなどもふくまれているものもあったが、全体として「強い兵隊」を育てることが目的だった。大正時代になると、学校の運動場で行われるようになり、子どもと親、学校と地域がいっしょになって楽しむお祭り的な行事になっていった。

　日本のように、プログラムにそって、競技や演技を行う形の「日本独特の体育行事」は、日本が植民地支配をしていた韓国に少し見られるぐらいで、世界的にはめずらしい。

プールがあり、水泳の授業があるのは、世界的にはめずらしい

　2015年現在、学校にプールがあるのは平均で67%である（下のグラフ）。1963年の設置率は12%ほどであったが、その後急速に増えていった。しかし、都道府県によってばらつきがある。プールがない学校は、施設のプールを借りて授業が行われている。

　日本は海にかこまれているせいか、学習指導要領に水泳を授業で行うことがはっきり書かれている。東京オリンピック開催を前に、1961年にスポーツ振興法が制定され、国が積極的にプールや体育館の整備をすすめ、その後の経済成長の後押しもあって、プールの設置率が高まった。

　しかし、授業でプールを使うのは、約1か月半と短い。そのため、夏休みに、地域に開放している学校もあるが、監視員をどうするかが問題になっている。海外では、学校がプールで水泳指導をするのは、めずらしく、地域のスポーツクラブ、町の施設、公園などにプールがある。

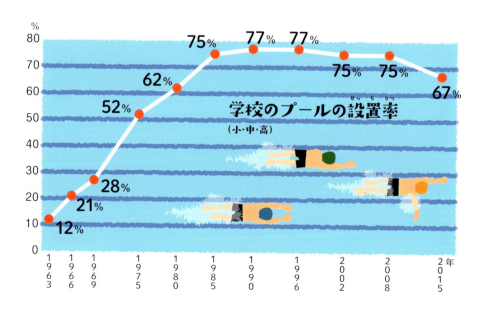

学校のプールの設置率（小・中・高）

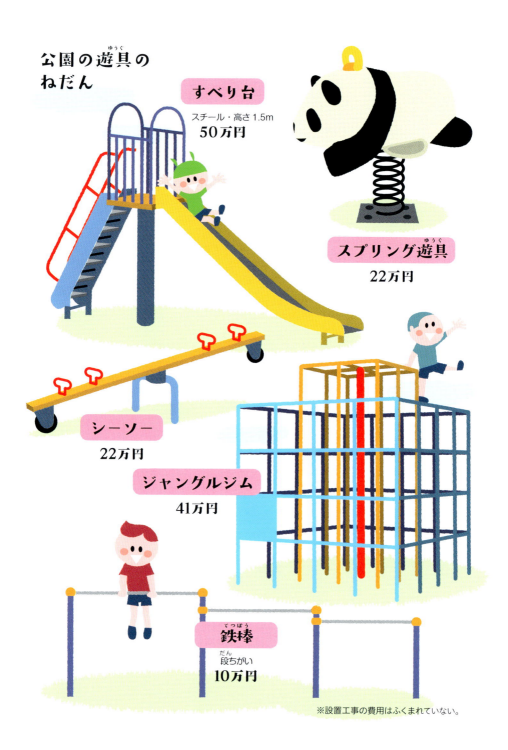

ぶらんこやすべり台、砂場がある街区公園

町のなかの住宅地や団地のまわりでは、よく小さな公園を見かける。ぶらんこやすべり台、砂場、ベンチや花や植木があり、近くに住んでいる人があそんだり、くつろいだりできる公園で「街区公園」という。1996年までは「児童公園」と呼ばれ、子どもが使うための遊具としてぶらんこ、すべり台、砂場の3種類の遊具の設置が義務づけられていた。ぶらんこは24万円、すべり台は50万円ほどで、そのほかに設置工事の費用や植木の手入れの費用もかかる。

1993年に、子どもだけでなく、広い年齢層が利用できるようにと名前を街区公園に変え、3種類の遊具の設置義務はなくなった。しかし、現在でも3種類の遊具は多く、おとな向けの健康器具も増えている。安全に使ってもらうために、対象年齢別のシールを貼ったり、公共団体や遊具のメーカーが定期点検を行い、問題があれば修理したり、撤去したりしている。街区公園よりちいさい「児童遊園」にも遊具がある。

住民たちでつくる公園、プレーパーク

街区公園は住宅地にあり、いろいろな年齢の人が利用するので、さまざまな規則をまもらなければならない。そこで、子どもをもっと自由にあそばせたいという親たちが、海外の「冒険あそび場」をヒントに「プレーパーク」というあそび場をつくりはじめた。

1979年、東京都の羽根木公園のなかに住民たちによって日本初のプレーパークがつくられた。「自分の責任で自由にあそぶ」がモットーのあそび場で、開園日にはプレーリーダーやボランティアがいる。滑車ロープなどを手づくりして、禁止事項をなるべく減らし、水あそびや、木のぼり、穴ほり、たき火（プレーリーダーの観察下で）もできる。

NPOが運営しているプレーパークの活動は、現在では、全国400か所に広まっている。

公園のぶらんこ、いくら？　21

日本の公園のはじまりは神社や寺の境内

公園はだれでも無料で利用できるところだが、もともと日本には公園という名前の場所はなく、人びとの集まる場所といえば、行楽地や神社やお寺の境内だった。

明治政府が近代国家をきずくために欧米の制度を取り入れていく過程で、1873年（明治6年）に神社やお寺が持っていた土地の一部を「公園」としたのがはじまりだ。そのときに東京都の上野公園や浅草公園、茨城県の偕楽園、新潟県の白山公園、岐阜県の城山公園、大阪府の住吉公園などができた。

公園にはいろいろな種類がある

公園は、「街区公園」のほかにもいろいろな種類があり、大きくわけると設備を備えた「営造物公園」と、自然風景地を保護し利用する「地域性公園」がある。

営造物公園には、「都市公園」と「国民公園」がある。

都市公園は税金で土地を買って、公共の目的のために自治体が施設の整備と管理をしている。「街区公園」は私たちの近所にある都市公園で、都市全体の住民が利用するものは「総合公園」や「運動公園」に分類されている。大通公園、日比谷公園、大濠公園などの大きな公園は「大規模公園」といい、そのほかにも目的によって動物公園、歴史公園、墓地公園、都市林、広場公園などがある。

公園は災害のときの避難所としての役割ももっている。東京や大阪の都市公園の面積は全国平均よりも少なく、同じような大都市であるパリやロンドン、ニューヨークとくらべても少ない。

「国民公園」は皇居外苑、京都御所、新宿御苑などのことである。

地域性公園は環境省が管理をし、私有地もふくむ広大な面積の公園で、国立公園や国定公園、都道府県立自然公園などをさす。

プロの使う楽器が高価なわけ

　学校で使用するリコーダーは樹脂製で大量生産されているが、いわゆるプロの演奏家が使う高額なものは木製で手づくりだ。高額な楽器は、工房で熟練した職人が手をかけてつくり、よりよい響きの音を出すためにさまざまな工夫をしている。また、使う木材によっても、ねだんに差が出る。しかし、演奏者によって使いやすさや音のひびきに好みがある。

　バイオリンのなかでも、グァルネリやストラディバリという人がつくった1700年初頭のころの作品は、名器として知られ、人気が高いのでもっとも高額だ。これらの名器は、演奏家や名家などが受け継ぎ、資産としても価値が高い。何度も修理をしながら、いろいろな演奏家によって使われてきた。

　日本音楽財団が所有していたレディ・ブラント（ストラディバリ製）というバイオリンは、東日本大震災の寄付のためにオークションにかけられた。約12.7億円で売られ、全額が被災地の芸能復活のための基金にあてられた。

ピアノは1万点もの部品でできている

　ピアノは、楽器のなかでいちばん大きくて、部品は1万点もあり、修理や保管、運搬に費用がかかる。コンサートホールには、ピアノがかならず1台以上置いてあって、演奏者が自分で選ぶ。好みのピアノを運んでくる演奏家もいる。ピアノは大変複雑なしくみなので、楽器のなかでは、唯一演奏家自身で調律できないもので、専門家の調律師が行う。

　フルートや金管楽器は、使われている金属で重さも音色が変わり、金やプラチナ製はとても高価になる。琴のねだんは、つくり、彫り、材質によってねだんが変わる。

プロが使う楽器のねだんはいくら？　25

高額な楽器はだれがもち、どのように保存するのか

名器といわれるバイオリンは、個人では買えないねだんのものがあるので、財団や社団法人、企業や資産家が購入して、優秀な演奏家に貸し出している。きびしい審査があり、楽器の保管状態の定期検査、無償のコンサートへの参加などの義務がある。五嶋みどりや諏訪内晶子も貸与を受けている。こわれたり盗まれたりする危険があるので、高価な楽器には保険※がかけてある。厳重に保管し、飛行機ではとなりの席もとってそばにおいて、運搬のときも気をつけている。

演奏家になるためには、楽器の購入費やレッスン料がかかり、プロになっても、その仕事だけで生活するのはむずかしく、多くの音楽家は演奏を教えて収入を得ている。

楽器はどこでつくられているのだろう？

ピアノやバイオリンなどの西洋楽器の多くは、もともとはヨーロッパの工房でつくられ、その後各国でもつくられてきた。現在は、総合楽器メーカーの売上高世界ランキングには、１位にヤマハ、６位にカワイ、10位にローランド（2014年）と、日本のメーカーが上位につけている。製品の品質が高く評価されているのだ。また、フルートのメーカーも日本のメーカーが強い。国内では、ピアノだけでなく管楽器もふくめて、静岡県が生産の中心地だ。

最近は、吹奏楽部の人気が高い。子どもの人数が減っているのに、日本吹奏楽連盟の参加団体数※は、あまり減ることもなく小規模編成の部が増えている。しかし、楽器の購入費や運搬費が負担となっている。また、バンドを組む若者たちが多くなり、公立の施設にも音楽スタジオが増えてきた。

※動産保険、楽器保険。日本音楽財団の場合は財団が負担する。
※小学校1150校、中学校7211校、高校3797校（2016年10月1日現在）

障がい者用のチェアスキーはいくらする？

チェアスキー
（シットスキー）
45万3000円〜
いすとスキー板の間のフレームのばねが
衝撃を吸収してくれる

アウトリガー
2万1000円〜
ストックとして使う

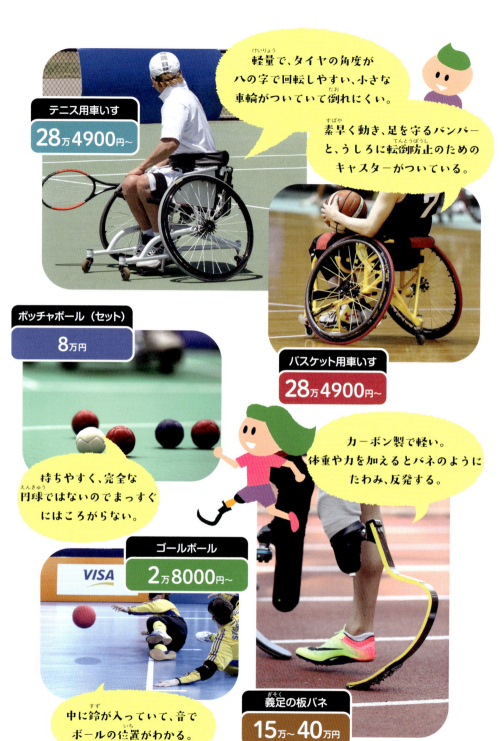

スポーツ用の車いすや義足には補助金が出ない

　生活用の車いすや義足は収入に応じて補助金が出るが、スポーツ用には補助金が出ない。選手は、そのスポーツに適した機能を備えたものを自費で購入する。スポーツ用の車いすは、不要な部分を省いて、軽さや耐久性、動きやすさを追求し、素材には、軽くてじょうぶなアルミ合金やチタン合金、カーボンなどが使われている。

　テニスやバスケット、陸上用の車いすはタイヤを八の字に取りつけてあるので、まっすぐすすみ、小まわりがきき、たおれにくく、こぎやすい。テニス用は、軽くてタイヤの取りつけ角度が大きく、機敏に回転しやすい、さらに小さな車輪もついていてすばやく方向転換でき、背もたれが邪魔にならないように低い。バスケットボール用は、機敏性に加え頑丈さが加わる。混みあったプレイヤーのあいだを通りぬけるために、タイヤの角度はテニス用より小さく、はげしくぶつかるので足をまもるバンパーと、転倒防止のキャスターがついている。障がいの程度によって27万〜50万円とねだんはいろいろだ。

スポーツ用が高いわけ

　スポーツ用の車いすは、生活用の車いすにくらべて生産量が少なく、素材も高価なので高額になる。さらに、利用者の要望や障がいの程度にあわせて、調整を重ねてつくられるので、さらに費用がかかる。

　陸上競技の義足である板バネはカーボン繊維強化樹脂製で、大きな反発力があり、それによって推進力が生み出される。体重によって規格があり、子どもは成長に合わせて、調整や取りかえが必要になる。レンタルの板バネもあり、試着して走れる場所もできた。だが、車いすと同じように、義肢装具士が個人にあわせて調整してつくるので高額になる。

　視覚障がい者のマラソンでは、ロープの輪を伴走者と走者がにぎって、いっしょに走る。ロープのねだんは240円で、伴走者には交通費がでる。

障がい者用のチェアスキーはいくらする？　**29**

障がいがあってもアスリート

　身体障がい者スポーツは、第二次世界大戦で傷ついた兵士たちのリハビリテーションのひとつとして広まった。1948年に開かれた、車いすを使っている患者によるアーチェリー大会が障がい者スポーツ大会のはじまりとされている。日本では東京オリンピックが開催された1964年にはじめて行われ、2011年にはスポーツ基本法で、障がい者スポーツの推進が決まり、担当省庁が厚生省から文部科学省に移された。

　テニスやマラソンなどの世界大会には、車いす部門があり、一般の部とはかなり差があるが賞金も出る。国枝慎吾選手は4大大会すべての車いすテニス部門で優勝し、多くの企業とスポンサー契約をしているプロ選手だ。ほかにも、車いすバスケットや陸上など、日本でもプロ選手が増えてきたが、企業ではたらきながら競技を続ける選手がほとんどだ。代表選手には強化費などの国の補助があるが、補助金にたよらず自分たちで資金を集めようとしている協会もある。ヨーロッパには、車いすバスケットのプロリーグがある。

望めばどの障がい者もスポーツが楽しめるように

　パラリンピック選手でも、遠征費や補装具代など個人の負担は多く、練習場もかぎられているし、コーチもほとんどをボランティアにたよっている。ヨーロッパでは、一般スポーツと障がい者スポーツは対等にあつかわれて、いっしょに楽しむことがあたりまえになっている。病院では、病気やけがによる中途障がい者に、障がい者スポーツのグループを紹介している。

　視覚障がい者のブラインドサッカーの選手は「日常のほうがもっと危険だ、かぎられたピッチのなかのほうが障がいを忘れて解放される」と言う。障がい者にとってもスポーツは楽しみなのだ。資金の問題もふくめて、どんなサポートが必要なのか知ることが大切だ。

「東京ドームはいくらで借（か）りられる？」

平日の昼の草野球なら、
35万円
（2時間20分）

31

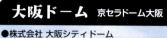

大阪ドーム　京セラドーム大阪
- ●株式会社 大阪シティドーム
- ●オリックス・バッファローズ

野球 夜中2時間 11万円～
6時半より2時間20分 16万円～
コンサート 1400万円

札幌ドーム
- ●株式会社札幌ドーム
- ●北海道日本ハムファイターズ

野球 3時間 10万円～
コンサート 770万円～（観戦型イベント）

西武ドーム　メットライフドーム
- ●西武鉄道
- ●埼玉西武ライオンズ

野球 2時間30分 12万円～
コンサート 700万円

福岡ドーム　福岡ヤフオク!ドーム
- ●福岡ソフトバンクホークス株式会社
- ●福岡ソフトバンクホークス

野球 2時間 27万円
コンサート 950万円～

ドームの使用料金
（2017年）

ナゴヤドーム
- ●株式会社ナゴヤドーム
- ●中日ドラゴンズ

野球 早朝5時、3時間 16万2000円～
その後2時間30分 21万6000円～
コンサート 1036万8000円～

東京ドーム
- ●株式会社東京ドーム
- ●読売ジャイアンツ

野球 2時間20分 35万円～
コンサート 1700万円

ドーム球場にもいろいろな特色がある

　プロ野球の球団は専用の球場（本拠地球場）をもち、そこで公式戦の50％以上の試合をする。12球団の専用球場のなかでドーム球場は6か所あり、3万8000人〜5万5000人もの観客を収容できる全天候施設である。太陽の光が不足するので、グラウンドは人工芝だ。

　東京ドームは1988年に建設された初のドーム球場で、札幌ドームが2001年の建設でいちばん新しい。東京ドームの屋根は2枚の膜のあいだに空気を送り込み、ドームのなかの空気の圧力を外より高くして天井をふくらませている。福岡ドームの屋根は日本初の開閉式、西武ドームはあとから屋根だけつけたので壁では囲まれていない。ナゴヤドームの屋根には太陽光発電設備があり、札幌ドームは野球用のグラウンドの上にサッカー用の天然芝のグラウンドを移動させることができる。東京ドームの建設費は350億円、福岡ドームの総事業費は760億円である。埼玉西武ライオンズと福岡ソフトバンクホークスは自分の球場だが、それ以外の球団はドームを所有している会社に契約金を払っている。

コンサートやイベントは使用料が高い

　どのドームにも草野球プランがあり、空いていれば借りることができる。平日、休日、時間帯によってちがうが、東京ドームは2時間20分で35万円から、追加料金を払えば電光掲示板も使える。札幌ドームはアマチュアのサッカーは6万円から使える。また、大人数が参加するコンサートやイベントは、設備の変更が必要だったり、長時間の使用だったりするので、使用料が高く（左の図）、大きな収入源になっている。

　そのため、どの球場も、プロ野球以外の目的で使われる日数を増やしたいと考えている。東京ドームは2016年には、プロ野球で94日、そのほかの野球で30日、コンサートで123日、そのほかのイベントで64日使われた。

東京ドームはいくらで借りられる？　33

ドームの名前を売り、イベント会場に変身する

「命名権」といって、ドームなどの施設の名前（愛称）をつける権利を売っている。権利を買う会社は社名や商品の宣伝がねらいだ。西武ドーム、大阪ドーム、福岡ドームは命名権を売っていて、福岡ドームの命名権料は5億円と公表されている。

多くのドームは、はじめは野球場として建設されたが、音響設備を改良し、大型画面を使ってコンサート会場として活用されている。そのために、観客席を増やし、ピッチャーマウンドを地下に収め、人工芝を巻き取り、バックネットを上にあげて、ステージを見やすくする。

打ち上げ花火、一発いくら？

10号玉（直径28.5cm）で、
6万円から

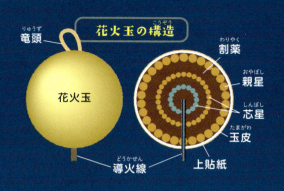

花火玉の号数による玉の外径、ねだん、開く高さ、開く直径のめやす

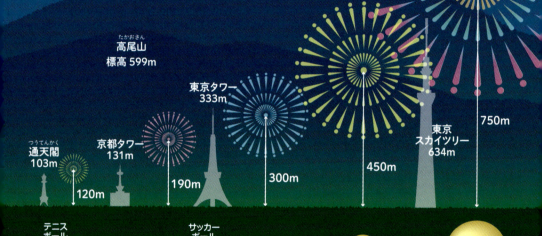

両国の花火は死んだ人の供養がはじまり

　花火の起源は、古代中国の「のろし」とされ、黒色火薬の発明とともに花火がつくられた。古代中国では、火薬、羅針盤、製紙、活版印刷が発明され、これを中国の四大発明と言う。

　徳川家康は天下統一を果たしてから、鉄砲の使用を制限する目的で、火薬の製造・貯蔵は、幕府発祥の地である三河にしか許さなかった。その後、疫病の死者の供養や悪疫退散の神事として両国の川で花火が上げられた。「和火」といわれる暗い赤色だったが、江戸の庶民には人気があった。現代のように多くの色が出るようになったのは明治時代からだ。

花火の色はつめる金属でちがう

　花火をつくるときには、火薬や色を出す薬品を調合した「星」をいくつもつくり、玉皮に「星」や火薬をすき間なくつめていく（左上の図）。導火線をつけて、外側を紙でくるんで乾燥させる。

　花火の色は、「星」につめる薬品にふくまれる金属によって決まる。深い赤はストロンチウム、黄色はナトリウム、青緑は銅、黄緑はバリウム、強い白色はアルミニウムやマグネシウムだ。こうしたいくつもの薬剤を合わせて多くの色を出す。花火は爆発物なので人家から離れた製造所で、細心の注意を払ってつくられている。

　打ち上げ花火のねだんは、大きさや種類・花火メーカーによってちがい、10号（一尺）が6万円で、最大の40号は300万円以上といわれている。大きくなればなるほど使う火薬が多く、取り扱いに神経を使い、製造日数もかかる。美しい色を丸く均一に出すのはむずかしい。

　花火は危険物なので、保管や輸送にも資格や手続きが必要だ。また、上げるときは自治体に申請をしなければならないし、廃棄するときも申請を出す。製造所は、新潟県、長野県、静岡県が多く、花火大会もその地域が多い。2015年度は、全国で6423件もの打ち上げ申請があった。

打ち上げ花火、一発いくら？　37

花火大会の経費

　花火大会にはいくらかかるのだろう。長岡の花火大会を例に見てみよう。この花火大会は2日にわたり、2万発を打ち上げる。いちばん大きい花火玉は30号玉。2017年には、103万人の観客が訪れた。収入は、寄付と有料の観覧席料とで90％にもなり、補助金の率は低い。寄付金のなかには個人や企業が慰霊や祈りなどの思いをこめて打ち上げてもらう協賛金がふくまれている（たとえば、7号玉は2万2500円）。支出は、花火打ち上げの経費、会場の設営費や警備の費用が大部分をしめる。

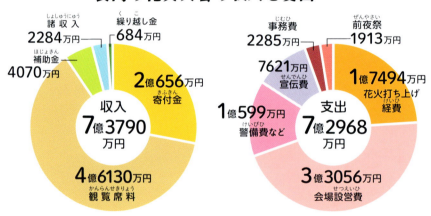

長岡の花火大会の収入と支出（2015年）

花火大会が、中止になったら？

　花火大会が中止と判断されるのは、強風や大雨または落雷の恐れがあるときだ。主催者や花火師だけでなく、警察や都道府県とも相談して決める。多額な費用をかけているので、判断がむずかしい。事前に中止が決まれば、花火をほかの大会や翌年分に使える。だが、直前に雨天中止になった場合、導火線が湿気てしまって、花火玉はだめになってしまう。イベント中止保険をかけていると保険金が支払われるが、それでも花火事業者には中止や延期にかかる費用、人件費などの負担がかかる。

テーマパークの
1日パスポートは
いくら？

東京ディズニーランド
1日パスポート（子ども）
4800円

あらかわ遊園
平日フリーパス（子ども）
500円

あらかわ遊園の日本一遅い
ジェットコースター
（写真提供：あらかわ遊園）

デパートの屋上遊園地からレジャーランドへ

日本の遊園地は、1872年ごろにできた浅草花やしきがはじまりだ。その後、1911年に阪急電鉄が宝塚新温泉から、プールや動物園・植物園、ホテル、宝塚歌劇などをあわせもつ「宝塚ファミリーパーク」をつくった。つづいて、東京の私鉄が沿線住民や乗客を増やすために、遊園地やホテル、スーパーやデパートをつくり、観光開発をすすめていった。

昭和30年なかばから40年代（1955～1970年ごろ）にかけて、デパートの屋上に遊園地がつくられ、子どもに大人気だった。その後、動物園やプール、アトラクション、宿泊施設などを備えた大型レジャーランドが全国各地につくられるようになる。1983年にできた東京ディズニーランドや長崎オランダ村（現ハウステンボス）の成功をきっかけに、テーマパーク（特定のテーマをベースに全体を演出した観光施設）が急激に増えていった。

1日パスポートは便利だけれど…

大きな遊園地では、入場料とアトラクションの乗り放題がセットになったチケット（1日パスポート、フリーパスなど）がある。子ども（小人）の料金でもディズニーランド（TDR）は4800円、ユニバーサルスタジオジャパン（USJ）は4723円と高価だ。乗り物に乗ってあそべるほか、売店ではキャラクターのグッズが売られ、食事やショーなどを楽しんで、1日中あそべるようになっている。そして、常に内容を新しくして、人気が続くように工夫している。

こうしたテーマパークにくらべると、自治体などが運営する公営の遊園地は身近でとても安い。前橋市立「るなぱあく」は、入場料や1日パスポートはなく、乗り物券（10～50円）を購入するだけでいい。猛スピードのアトラクションはないが、小さな子ども向けのなつかしい遊具を格安で楽しむことができる荒川区の「あらかわ遊園」も、小さな子ども連れの家族に親しまれている。

テーマパークの1日パスポートはいくら？　41

ローラーコースター（日本ではジェットコースターと呼んでいる）

　ローラーコースターは、ロシア貴族の氷のすべり台や、アメリカの鉱山のトロッコあそびがはじまりだと言われている。1884年にアメリカのコニーアイランドに木製のコースターが登場し、日本では、1890年の勧業博覧会に設置されたのが最初だ。スピードやスリルを楽しむアトラクションで、大型のものは建築費が20～30億円もかかる。安全性と高度な技術が必要で、安全基準にもとづいて点検が行われるが、それでも点検中や運転中の事故が起きている。

　コースターは、世界中でスピードとスリルを競い合っていて（下のグラフ）、「絶叫型」が若い人に人気だ。一方で、3歳から乗れるファミリーコースターもある。あらかわ遊園の通称「いも虫型コースター」で、時速13kmと日本で一番遅い（39ページの写真）。

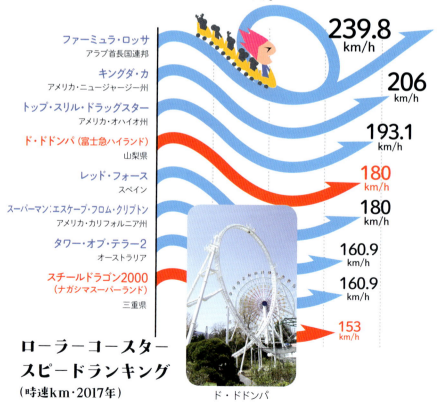

ローラーコーススター
スピードランキング
（時速km・2017年）

ファーミュラ・ロッサ　アラブ首長国連邦　239.8 km/h
キングダ・カ　アメリカ・ニュージャージー州　206 km/h
トップ・スリル・ドラッグスター　アメリカ・オハイオ州　193.1 km/h
ド・ドドンパ（富士急ハイランド）　山梨県　180 km/h
レッド・フォース　スペイン　180 km/h
スーパーマン：エスケープ・フロム・クリプトン　アメリカ・カリフォルニア州　160.9 km/h
タワー・オブ・テラー2　オーストラリア　160.9 km/h
スチールドラゴン2000（ナガシマスーパーランド）　三重県　153 km/h

ド・ドドンパ

宇宙旅行は、いくらで行ける？

10日間で
55億円

宇宙から見た地球の夕焼け、
青い層から下が大気圏（NASA）

宇宙とは、地上から100km以上離れた空間だが、
宇宙ステーションは400kmほど上空をまわり、
静止衛星は、上空3万5786kmの円軌道をまわる。
ジェット機は10km上空を飛んでいる。

3万5000km

宇宙

宇宙から見た地球

400km

大気圏

スペース・アドベンチャー社の宇宙旅行で
滞在する国際宇宙ステーション（NASA）

スペース・アドベンチャー社（アメリカ）
高度400km／ソユーズロケットで
無重力状態10日間以上／2021年開始

10日間以上
55億円

ヴァージン・ギャラクティック宇宙船
スペースシップツー（中央）と、
その母船ホワイトナイトツー。
この飛行機で宇宙へ行き、
真ん中の宇宙船を切り離す。

2時間
2700万円

ブルーオリジンの宇宙船（想像図）

10分
価格未定

100km

ブルーオリジン社（アメリカ）
高度100km
無重力状態4分／2018年開始

ヴァージン・ギャラクティック社（アメリカ）
高度100km／航空機から発射
無重力状態4分／2018年開始

ワールドビュー、気球で宇宙の近くまで

ワールドビュー社（アメリカ）
高度30km／気球で
無重力状態なし／2019年開始

2日間以上
800万円

30km

地球

すでに7人の民間人が宇宙ステーションに

宇宙飛行士でなくても宇宙に行ける時代がやってきた。飛行機に乗って海外に行くように、個人で宇宙に行くツアーが売り出されている。旅行会社とJAXA（日本宇宙航空研究開発機構）が共同でおこなった「宇宙旅行市場調査」では、宇宙に行きたいと思っている人は、57.3％もいる。宇宙に行ってみたい理由では、「青い地球をながめてみたい」がいちばんで87.3％、次が「無重力を体験したい」で50.5％。価格と安全性、事前の訓練について不安がある人は50％を超えるが、価格は今後下がっていくと思われる。

国際宇宙ステーションに滞在する旅行としては、スペース・アドベンチャー社のツアーがある。事前に800時間ほどの訓練が必要で、旅行は10日間以上、費用は約55億円。現在、国際宇宙ステーションに宇宙飛行士を運ぶ唯一の手段になっているロシアのソユーズ宇宙船に乗る。すでに、7人の民間人が自費（20億〜35億円以上）で国際宇宙ステーションに滞在した。

日本人20人が予約している宇宙旅行

ヴァージン・ギャラクティック社のツアーでは、高度100kmまで到着し、旅行時間2時間、無重力状態を4分間体験できる。出発地のアメリカで、3日間の訓練を行い、6人乗りの宇宙船に乗る。高度15kmで母船から切り離されて宇宙空間へ向かう。地球へは、グライダー飛行でもどってくる。費用は約2700万円、18歳以上で健康なことが参加条件だ。すでに700人（うち日本人が20人）が予約している。

宇宙空間までは行かないが、ワールドビュー社の気球は30km上空まで上がる。無重力状態にはならないが、訓練もなく、飛行機の3倍の高さまで上がることができる。また、航空機で上昇と下降をくり返して、無重力状態を楽しむ旅行もあり、70万円ほどで行ける。

宇宙旅行は、いくらで行ける？　45

日本にも宇宙旅行のツアーがある

　日本のベンチャー会社 PDエアロスペース社では、航空会社や旅行会社と組んで、再利用型の輸送機を使って、100kmまで上がる宇宙旅行の開発をすすめている。

　また、日本の建設会社が宇宙エレベーターを建設するという計画もある。9万6000kmのカーボンナノチューブ性のケーブルを使って、宇宙へ人や物を運び、ロケットに代わる新しい交通システムをめざしている。試算では建設に10兆円、20年かかり、2050年の運用という計画だ。

大事故を起こす宇宙ゴミ

　有人ロケットが成功したのは、アメリカ、ロシア、中国だけだ。日本は、第二次大戦直後は、航空機の研究が認められなかったが、糸川博士のペンシルロケットが研究開発の先駆けとなり、いまでは無人ロケットでは成功率も高く、多くの気象衛星や探査機を打ち上げている。日本の宇宙開発は、平和目的だけに使われてきたが、現在は防衛目的の衛星の打ち上げや、民間のロケットの打ち上げも許可されている。

　しかし、有人ロケットとなると、基礎研究はあるものの、開発費用や安全性の不安から、アメリカやロシアのロケットを使用している。とくに宇宙旅行では、なによりも安全面が重視されるので、ロケットの性能の改良はもちろんだが、「宇宙ゴミ」が脅威だ。宇宙には、衛星のかけらなどの宇宙ゴミ（スペースデブリ）が大量にあり、時速420km〜480kmで飛びまわっている。これらがぶつかると、宇宙ステーションやロケットがこわれて大事故につながる。スペースデブリを網や粘着テープ、磁石などを使ってとらえて大気圏に突入させ、燃えつきさせる研究がはじまっている。日本でもベンチャー企業やJAXAが取り組んでいる。

オリンピックは立候補だけでもお金がかかる

申請都市審査のためまず、15万ドル（約1500万円）、

立候補都市として選ばれれば追加で50万ドル（約5000万円）をIOC（国際オリンピック委員会）に払う。

それらをふくめて、東京オリンピックを招致するために

約89億円

かかった。

2020年東京オリンピックを招致するための経費
(平成23〜25年)

経費内容	金額
立候補都市の手続きのため	
IOCに支払う立候補手続き	10億4600万円
申請ファイルと立候補ファイルを作るために	6300万円
海外に向けての宣伝活動	
プレゼンテーションや競技会の会場視察、宣伝活動など	40億9800万円
招致のためのムーブメントのために	
のぼり、ピンバッジ、花火大会や東京マラソンなどの都内のイベント、商店街などのフラッグ、バスのラッピング、リーフレット、新聞や雑誌の広告など	37億500万円
合計	89億1200万円

夏季オリンピックの開催費用とGDP割合

- 1992年 バルセロナ スペイン：1兆1400億円　1.26%
- 1996年 アトランタ アトランタ：3800億円　0.04%
- 2000年 シドニー オーストラリア：4200億円　0.44%
- 2004年 アテネ ギリシャ：3000億円　0.99%
- 2008年 北京 中国：5500億円　0.11%
- 2012年 ロンドン イギリス：1兆4800億円　0.6%
- 2016年 リオデジャネイロ ブラジル：4600億円　0.26%

オリンピックの開催の直接費用／費用がGDPに占める割合

東京オリンピック・パラリンピックの招致にかかったねだん

東京都は、2020年の夏季オリンピック大会に立候補し、マドリッドやイスタンブールと競いあって、開催都市に決まった。この招致のためにかかった費用の合計は、89億1200万円（左上の表）。内わけは、国際オリンピック員会に対する立候補の申請費用が6300万円、この費用は落選しても返ってこない。ほかに、各国のオリンピック委員に向けての宣伝や、プレゼンテーション、国内での広報活動などの費用もかかる。

2020年の東京オリンピックは1兆8000億円かかる

東京都は、オリンピックの予算を立候補のときは総額8000億円として、そのうちパラリンピックは140億円、文化プログラム予算は34億円としていた。しかし、会場の変更や建設費の大幅な値上げ、種目の増加などもあり、2017年に1兆6000億〜1兆8000億円と試算し直した。

多くのオリンピックでは、申請のときの予算にくらべて、実際にかかった費用は数倍も高くなっている。オリンピックには、招致費用に加えて、会場の建設工事費や運営費（直接経費）と、交通や情報のためのインフラとホテルなどの宿泊施設の整備（間接経費）の費用がかかる。

これまでのオリンピックにかかった費用（直接費用）をみると（左下のグラフ）、バルセロナ（スペイン）とロンドン（イギリス）の金額が極端に高い。しかし、その当時の開催国の経済力を表すGDPとくらべてみると、バルセロナ（スペイン）とアテネ（ギリシャ）の負担が大きかったことがわかる（左のグラフの紫色）。その後、ギリシャはたいへんな経済危機に陥った。オリンピックの種目が300を超えて規模が大きくなり、またテロ対策などの警備費用も増えた。

オリンピックは立候補だけでもお金がかかる　49

メダルは国ではなく、個人に与えられるもの

　オリンピック憲章は時代とともに変化し、参加資格から「アマチュア」が削除され、プロの選手の参加は各競技連盟に任された。しかし、「スポーツを通して、体と心をきたえ調和のとれた人間をめざす」という理念は変わらない。

　日本のメダルの数が大きな話題になるがメダルは個人や団体に与えられるもので、IOCは国別のメダル数は公表していない。

　また、国や個人の過剰なメダル争いのために、ドーピングが行われている。メダルはく奪などの重い処分があるにもかかわらず、規制の裏をかくような不法な薬物の使用があとを絶たない。公正な競争のためだけではなく、選手自身の健康のためにも厳しい検査がおこなわれている。遺伝子を操作して強い筋肉やスタミナをつくることもドーピングになる。強化選手や国体参加者などは、未成年でもドーピング検査の対象となる。

 ## オリンピックの費用をおさえることはできる？

　1984年のロサンゼルス大会は、市民の賛同がえられにくいなかで行われた。それ以前の大会が、大赤字を出していたからだ。そのために税金を使わずに、民間の資金だけで開催された。すでにある競技施設や宿泊施設だけを使い、運営費も減らして、支出を低くおさえた。

　また、高額なテレビ放映権料やスポンサー料、聖火リレーランナーの有料化、プロ選手の参加を認めたことによる入場者の増加などで多くの収入があった。最終的に、大きな黒字となり、放送局も利益を得て、ロサンゼルス大会は、オリンピックの商業化の成功モデルとされた。

　その後、オリンピック候補都市は増加していったが、大会の規模が大きくなって費用がかかりすぎ、環境への心配からも、開催できる都市はかぎられてきた。そのため、2024年大会に立候補したパリとロサンゼルスを、2024年と2028年に分けて開催地とすることになった。

テレビの放映権、いくらだと思う？

オリンピックは
660億円

サッカー・ワールドカップは
400億円

高校野球は
0円

● オリンピックは平昌（2018年冬季）、東京（2020年夏季）のセット
● サッカー・ワールドカップはブラジル（2014年）

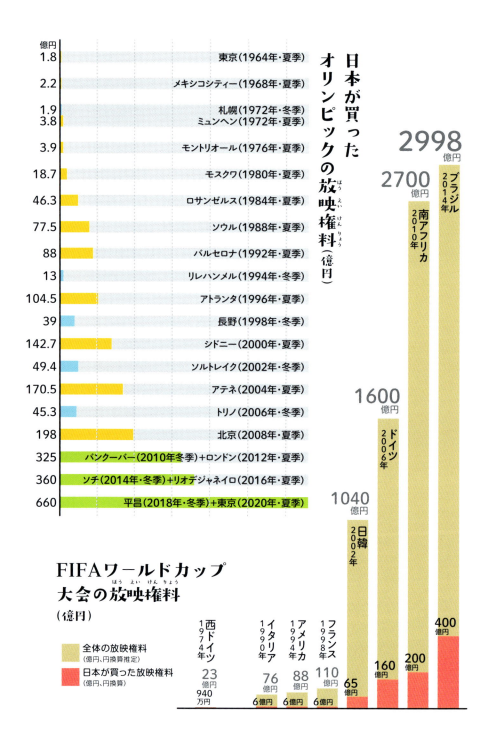

オリンピックの冬季と夏季の放映権料はセット

　私たちは、NHKか民放のテレビでオリンピックやワールドカップを見ている。放送局は、その映像を独占的に放送するために権利を買っている。この権利が「放映権」で、そのために払うお金が放映権料だ。見る人が多ければ、放送局は高いお金を払ってでも買う。オリンピックは、全世界に配信されるスポーツの代表だが、1984年のロサンゼルス大会から放映権料がぐんと高くなった。また、以前は夏季と冬季大会の放映権料は別で、金額に差があったが、2010年から冬季と夏季のセットの料金となり、平昌（2018年・冬季）と東京大会（2020年・夏季）は、セットで660億円にもなる。さまざまな種目があるが、自分の国の選手が活躍している種目の視聴率が高いので、スポンサーはそうした競技のCMを選んで買っている。

サッカーのワールドカップの放映権料は世界全体で約3000億円

　サッカーのワールドカップ2014年大会（ブラジル）は、203か国が予選に参加し、本戦は全世界で32億人がテレビで観戦した。日本は本戦64戦を放映するために、FIFA（国際サッカー連盟）に400億円を支払い、世界全体の放映権料は3000億円近くにもなった。

　以前はサッカーの普及のために、FIFAは放映権料を公共放送に安く売っていたが、人気が出てくると、今度はテレビ局どうしで価格競争をさせるようにした。そのため、放映権料は大会ごとに値上がりし、2002年の日韓大会では、その前の大会の10倍以上にもなった。いまや、FIFAの収入の半分近くをワールドカップの放映権料が占めている。

　日本では、地域に根ざしたチームをめざして、1993年にJリーグがつくられた。地域名をチーム名に入れ、地元のサポーターが育って、サッカー人気は全国各地で急速に高まっていった。

テレビの放映権、いくらだと思う？　53

高額な放映権料を テレビ局が共同で購入している

　現在のような高額な放映権料は、とてもひとつのテレビ局では購入できない。そこで、国外でおこなわれる世界的なスポーツイベントの放映権料が奪い合いで高くなりすぎないように、NHKと民放各社で「ジャパンコンソーシアム」という会社をつくって、放映権料を共同で購入するようにした。1996年のアトランタ大会以降のオリンピック、サッカーのワールドカップ、アジア競技大会などの放映権は、「ジャパンコンソーシアム」が購入している。

野球や相撲の放映権料は…

　放映権料は、NHKでは受信料で、民放ではスポンサーの広告料でまかなわれている。スポーツニュースなど、編集された短い映像も、放映された時間だけ使用料を払っている。しかし、あまりにも高くなったために、放送をやめた局もあるし、2014年のサッカーのワールドカップは民放では赤字だったようだ。もっと高額になれば購入するのはますますむずかしくなるだろう。

　国内のスポーツの放映権料では、プロ野球の巨人戦がもっとも高いときで1試合1億2000万円以上だったが、いまは中継されるゲームが極端に減ってしまった。大相撲は、平成20年（2008年）にNHKが年間放映権料を26億1000万円で購入している。全国高校野球選手権大会には、放映権料は設けられていない。春、夏の大会ともに放送局の系列の新聞社が主催しているが、教育的な配慮から高校野球連盟はスポンサー契約をしていない。

54

出典と参考文献

3p.　優勝のねだん
- ウィンブルドン選手権
  http://www.wimbledon.com/en_GB/aboutwimbledon/prize_money_and_finance.html
- 東京マラソン　http://www.marathon.tokyo/about/
- 世界スポーツ選手長者番付トップ100　2017年
  http://blog.livedoor.jp/markzu/f1-news/52046866.html

7p.　横綱も月給をもらっている
- 日本相撲協会　http://www.sumo.or.jp/
- 『大相撲の経済学』中島隆信／東洋経済新報社／2007.7
- 財団法人 日本相撲協会寄附行為施行細則
  http://www.geocities.jp/mmts_sumo/saisoku.htm

11p.　将棋や囲碁の優勝賞金はいくら？
- 日本将棋連盟　https://www.shogi.or.jp/
- 日本棋院　http://www.nihonkiin.or.jp/
- 『囲碁／将棋にかかわる仕事』<知りたい！なりたい！職業ガイド> ほるぷ出版／2005

15p.　小学校の綱引きの綱はいくら？
- EVERNEW　2017年スポーツ器具総合カタログ
- 『運動会と日本近代』
  吉見俊哉・白幡洋三郎・平田宗史・木村吉次・入江克己・紙透雅子／青弓社／1999
- 学校プールの普及率体育・スポーツ施設現況調査
  http://www.e-stat.go.jp/SG1/estat/List.do?bid=000001077158&cycode=0
- 昭和46年プール　文部科学省　学校体育の充実
  http://www.mext.go.jp/b_menu/hakusho/html/others/detail/1317851.htm

19p.　公園のぶらんこ、いくら？
- 株式会社都村製作所製品カタログ　https://www.tsumura-f.co.jp/catalog/
- 国土交通省都市局　公園緑地・景観課　公園とみどり
  https://www.mlit.go.jp/crd/park/shisaku/p_toshi/syurui/index.html
- 国土交通省都市局 平成27年度末都市公園等整備及び緑地保全・緑化の取組の現況
  （速報版）の公表について　http://www.mlit.go.jp/common/001174177.pdf
- 都市公園法施行令及び施行規則の改正について
  http://ci.nii.ac.jp/els/contentscinii_20170719114050.pdf?id=ART0006358362
- 『47都道府県・公園／庭園百科』西田正憲／丸善出版／2017.8

23p.　プロが使う楽器のねだんはいくら？
- 管楽器価格一覧表2017　https://musictrades.shop-pro.jp/?pid=115961502
- 日本音楽財団　https://www.nmf.or.jp/

- 一般社団法人　全日本吹奏楽連盟会報

27p.　障がい者用のチェアスキーはいくらする？
- 日進医療器株式会社　http://www.wheel-chair.jp/
- オーエックスジャパン　http://www.oxgroup.co.jp/oxgroup_site/product.html#wheelchair
- パシフィックサプライ株式会社　https://www.p-supply.co.jp/products/516
- 資料ー報告書/第3回ーパラリンピック選手の競技環境ーその意識と実態調査
  https://www.paralympians.jp/

31p.　東京ドームはいくらで借りられる？
- 東京ドーム　https://www.tokyo-dome.co.jp/dome/play/fee.html
- 札幌ドーム　https://www.sapporo-dome.co.jp/
- 福岡ドーム　https://www.softbankhawks.co.jp/stadium/
- 西武ドーム　https://www.seibulions.jp/stadium/rental/baseball.html

35p.　打ち上げ花火、一発いくら？
- 日本煙火協会　http://www.hanabi-jpa.jp/
- 明鼓煙火店　http://www.ake-hanabi.com/info.html
- 『花火のふしぎ』<サイエンス・アイ新書>冴木一馬／ソフトバンククリエイティブ／2017
- 平成27年度長岡まつり収支報告　http://nagaokamatsuri.com/2016/syushi.html

39p.　テーマパークの1日パスポートはいくら？
- 『日本の遊園地』<講談社現代新書>橋爪紳也／講談社／2000.9
- 世界最速のジェットコースターは？ 速度ランキングベスト10！
  http://r39journal.com/1926.html

43p.　宇宙旅行は、いくらで行ける？
- 宇宙旅行のご案内 クラブツーリズム・スペースツアーズ　http://www.club-t.com/space/
- エアロスペース　http://www.pdas.co.jp/business01.html

47p.　オリンピックは立候補だけでもお金がかかる
- 2020年オリンピック・パラリンピック競技大会招致活動報告書
  https://www.2020games.metro.tokyo.jp/taikaijyunbi/torikumi/yochi/pdf/
- オリンピックと経済
  http://dl.ndl.go.jp/view/download/digidepo_9880033_po_078103.pdf?contentNo=1
- 『オリンピックと商業主義』<集英社新書> 小川勝／集英社／2014.1
- 『これならわかるオリンピックの歴史』石出法太・石出みどり／大月書店／2016.4

51p.　テレビの放映権、いくらだと思う？
- FIFA　FINANCIAL REPORT 2014　http://resources.fifa.com/
- 『スポーツビジネス最強の教科書』平田竹男／東洋経済新報社／2012
- ジャパンコンソーシアム
  https://ja.wikipedia.org/wiki/
- 平成20年度相撲協会事業報告書

編者　藤田千枝

大学理学部卒。児童向けの科学の本、環境の本を翻訳、著述。科学読物研究会会員、著書に「くらべてわかる世界地図」シリーズ、訳書に「化学の物語」シリーズ（ともに大月書店）、「実物大恐竜図鑑」（小峰書店）、「フリズル先生のマジックスクールバス」シリーズ（岩波書店）、「まほうのコップ」（福音館書店）ほか多数。

各巻の執筆者

① 新美景子　② 坂口美佳子
③ 菅原由美子　④ 増本裕江
⑤ 新美景子・鈴木有子　⑥ 菅原由美子

スポーツと楽しみのねだん

2017年12月15日　第1刷発行
2020年 4月13日　第4刷発行

編　者　藤田千枝
執筆者　増本裕江
発行者　中川　進
発行所　株式会社 大月書店
　　　　〒113-0033 東京都文京区本郷 2-27-16
　　　　電話（代表）03-3813-4651　FAX 03-3813-4656
　　　　振替 00130-7-16387
　　　　http://www.otsukishoten.co.jp/

デザイン・イラスト・DTP　なかねひかり
印　刷　光陽メディア
製　本　ブロケード

ⓒ 2017 Fujita Chie
ISBN 978-4-272-40964-8 C8333　Printed in Japan
定価はカバーに表示してあります。
本書の内容の一部あるいは全部を無断で複写複製（コピー）することは法律で認められた場合を除き、著作者および出版社の権利の侵害となりますので、その場合にはあらかじめ小社あて許諾を求めてください。